BEI GRIN MACHT SICH IHR
WISSEN BEZAHLT

- Wir veröffentlichen Ihre Hausarbeit,
  Bachelor- und Masterarbeit

- Ihr eigenes eBook und Buch -
  weltweit in allen wichtigen Shops

- Verdienen Sie an jedem Verkauf

Jetzt bei www.GRIN.com hochladen
und kostenlos publizieren

Moritz Sehn

Unterschiede im Leseverhalten bei Jungen und Mädchen

GRIN Verlag

Bibliografische Information der Deutschen Nationalbibliothek:

Die Deutsche Bibliothek verzeichnet diese Publikation in der Deutschen National-
bibliografie; detaillierte bibliografische Daten sind im Internet über http://dnb.d-
nb.de/ abrufbar.

Impressum:

Copyright © 2012 GRIN Verlag GmbH
Druck und Bindung: Books on Demand GmbH, Norderstedt Germany
ISBN: 978-3-656-33819-2

Dieses Buch bei GRIN:

http://www.grin.com/de/e-book/206470/unterschiede-im-leseverhalten-bei-jungen-
und-maedchen

GRIN - Your knowledge has value

Der GRIN Verlag publiziert seit 1998 wissenschaftliche Arbeiten von Studenten, Hochschullehrern und anderen Akademikern als eBook und gedrucktes Buch. Die Verlagswebsite www.grin.com ist die ideale Plattform zur Veröffentlichung von Hausarbeiten, Abschlussarbeiten, wissenschaftlichen Aufsätzen, Dissertationen und Fachbüchern.

Besuchen Sie uns im Internet:

http://www.grin.com/

http://www.facebook.com/grincom

http://www.twitter.com/grin_com

Julius Maximilians Universität Würzburg
Zentrum für Lehrerbildung und Bildungsforschung

Vorlesungsreihe "Geschlechterkonstruktionen im schulischen Bildungssystem"

Modul: 43-LA-Gender-Diskr (Freier Bereich)
Sommersemester 2012

Das Leseverhalten im Hinblick auf die Variable 'Geschlecht'

von
Moritz Sehn

0 Inhalt:

1 Einleitung

Lesen gilt als eine derjenigen Kompetenzen, die essentiell sind, um in einer modernen Gesellschaft bestehen zu können – eine Basiskompetenz. Im Rahmen der PISA-Studie rückte nicht nur das deutsche Bildungssystem im Allgemeinen in den Fokus von Öffentlichkeit und Politik, sondern auch das Leseverhalten deutscher Kinder und Jungendlichen im Speziellen.

Diese Arbeit soll anhand trefflicher Beispiele zeigen, inwiefern sich das Leseverhalten von Jungen und Mädchen unterscheidet, verschiedene Erklärungsansätze vorstellen und schließlich auch einen Einblick in mögliche Strategien zur Verbesserung der angesprochenen Situation geben.

2 Was ist Leseverhalten?

Leseverhalten bezeichnet das Verhalten von Menschen beim Lesen von Texten (hier: Im Hinblick auf das Medium 'Buch') und lässt sich anhand der folgenden Aspekte untergliedern:

a) Lesequantität: Wie viel (Menge an Büchern) wird gelesen ?

b) Lesehäufigkeit: Wie oft wird zum Buch gegriffen und gelesen ?

c) Beliebtheit des Lesens: Wie gerne wird gelesen ?

d) Lesestoffe: Was wird gelesen ?

Anhand dieser Fragestellungen lassen sich Aussagen zum Leseverhalten Kindern und Jugendlichen und besonders zu den Unterschieden in der geschlechtsspezifischen Betrachtung des Leseverhaltens treffen.

3

3 Unterschiede im Leseverhalten von Jungen und Mädchen

Der Aspekt der a) Lesequantität ist nicht frei von Kritik. So wurde im Rahmen von Studien nach der Anzahl der "vollständig gelesenen Büchern gefragt"[1]. Indirekt wird hier also ausschließlich nach Büchern gefragt, die dem Leser wenigstens so gut gefallen haben, dass er es auch komplett gelesen hat. Ebenso schließt die Fragestellung informatives Lesen aus, da bei dieser Art des Lesens die vollständige Lektüre eines Buches gar nicht notwendig ist.

Trotzdem lassen sich deutliche Tendenzen im Leseverhalten von Jungen und Mädchen feststellen. Mädchen lesen durchschnittlich 19 Bücher im Jahr, Jungen dagegen nur 11.[2] Auch der Bildungshintergrund ist interessant, so lesen SchülerInnen der Realschule deutlich weniger Bücher, als SchülerInnen des Gymnasiums. Festzuhalten ist, dass Mädchen quantitativ deutlich mehr Bücher lesen, als Jungen.[3]

Auch unter dem Aspekt der b) Lesehäufigkeit lassen sich geschlechtsspezifische Unterschiede feststellen. So geben über 25 % aller Mädchen an, mehrmals pro Woche, oder sogar täglich aus einem Buch zu lesen. Unter den Jungen gibt es nicht nur weniger regelmäßige Leser, sondern auch fast ein Viertel der Befragten, die angeben weniger als 1 Mal im Monat zum Buch zu greifen.[4]

Es lässt sich also feststellen, dass Mädchen nicht nur mehr lesen, sondern auch häufiger lesen als Jungen.

In einem direkten Zusammenhang zu den genannten Punkten steht auch c) die Beliebtheit des Lesens.
Allgemein gaben knapp 65 % der Befragten Kinder und Jugendlichen an, "gerne" oder "sogar sehr gerne" zu lesen. Betrachtet man die geschlechtsspezifischen Unterschiede, so ist erkennbar, dass über 70% der Mädchen "gerne" oder "sehr gerne" liest, aber nur knapp 50% der Jungen.

Noch deutlichere Ergebnisse finden sich bei der Betrachtung der SchülerInnen, die

---

[1]Bucher, Priska: Leseverhalten und Leseförderung. Zürich: Verlag Pestalozzianum, 2004. Seite 119.
[2]Vgl. Bucher, Priska: Leseverhalten und Leseförderung. Zürich: Verlag Pestalozzianum, 2004. Seite 120.
[3]Vgl. Garbe, Christine: Lesen – Sozialisation – Geschlecht. S 66. In: Lesekompetenz Leseleistung Leseförderung. Grundlagen, Modelle und Materialien. Hrsg. von Andrea Bertschi-Kaufmann. Zug: Klett und Balmer Verlag, 2010. 3. Auflage.
[4]Vgl. Bucher, Priska: Leseverhalten und Leseförderung. Zürich: Verlag Pestalozzianum, 2004. Seite 122.

angaben "nicht so gern" oder auch "gar nicht gern" zu lesen. Diese Antwort gaben gut 25% der Mädchen und über 50% der Jungen.[5]

Diese Ergebnisse sind wenig überraschend, wenn man bedenkt, dass Mädchen mehr und häufiger lesen. Es ist festzustellen: Wer Spaß am Lesen hat, der liest mehr und öfter. Oder aber im Gegenzug: Wer viel und oft liest, findet mehr Spaß daran, weil Lesen durch den Übungsaspekt einfach leichter fällt.

Der letzte Punkt zielt auf d) die Lesestoffe ab – also die Frage, was Schülerinnen und Schüler lesen.

Wie Christine Garbe feststellt, präferieren Mädchen Texte, die "menschliche Schicksale in den Vordergrund"[6] stellen. Besonders beliebte Genres sind bei Mädchen Liebes- und Abenteuerromane, besonders unbeliebt sind bei Mädchen Comics.[7]

Jungen hingegen bevorzugen prinzipiell fiktionale Texte, die fremde Welten darstellen und in denen Spannung und (kämpferische) Herausforderungen im Mittelpunkt stehen. [8] Auch hier finden sich Übereinstimmungen mit den Ergebnissen von Bucher[9]: Comics sind die beliebteste Textsorte unter den Jungen, gefolgt von Krimis. Unbeliebt hingegen sind Gedichte und Liebesgeschichten.

Zusammenfassend lesen Mädchen

> "durchschnittlich länger, lieber und häufiger in Büchern als Knaben und zwar unabhängig von Alter, Bildung und Schicht, ein Befund, der sich auch beim Buchleseverhalten der Erwachsenenbevölkerung zeigt."
>
> (Bucher, Priska: Leseverhalten und Leseförderung. Zürich: Verlag Pestalozzinum, 2004. Seite 142.)

---

[5]Vgl. Bucher, Priska: Leseverhalten und Leseförderung. Zürich: Verlag Pestalozzianum, 2004. Seite 124.
[6]Garbe, Christine: Lesen – Sozialisation – Geschlecht. S 67. In: Lesekompetenz Leseleistung Leseförderung. Grundlagen, Modelle und Materialien. Hrsg. von Andrea Bertschi-Kaufmann. Zug: Klett und Balmer Verlag, 2010. 3. Auflage.
[7]Vgl. Bucher, Priska: Leseverhalten und Leseförderung. Zürich: Verlag Pestalozzianum, 2004. Seite 126.
[8]Vgl. Garbe, Christine: Lesen – Sozialisation – Geschlecht. S 67. In: Lesekompetenz Leseleistung Leseförderung. Grundlagen, Modelle und Materialien. Hrsg. von Andrea Bertschi-Kaufmann. Zug: Klett und Balmer Verlag, 2010. 3. Auflage.
[9]Vgl. Bucher, Priska: Leseverhalten und Leseförderung. Zürich: Verlag Pestalozzianum, 2004. Seite 126.

4 Erklärungsansätze

"Das, was empirisch valide und übereinstimmend nachgewiesen wurde – der Zusammenhang zwischen Mediennutzung und biologischem Geschlecht (Sex) -, lässt sich theoretisch nicht befriedigend erklären. Das, was theoretisch befriedigen würde – der Zusammenhang zwischen Mediennutzung und sozialem Geschlecht (Gender) -, lässt sich bislang empirisch nicht befriedigend sichern."

(Hurrelmann, Bettina: Informelle Sozialisationsinstanz Familie. S. 169 – 201. In: Lesesozialisation in der Mediengesellschaft. Hrsg. von Norbert Groeben und Bettina Hurrelmann. Weinheim; München: Juventa-Verlag, 2004. Seite 176.)

Mit dem obigen Zitat von Hurrelmann ist die Frage nach Erklärungsansätzen für festgestellte Geschlechterunterschiede im Bezug auf das Leseverhalten schon grob beantwortet. Es gibt zahlreiche, gänzlich unterschiedliche Ansätze zur Erklärung, doch bislang vermochte es keiner umfassend zu überzeugen.

Im Folgenden werden einige Ansätze überblickshalber vorgestellt.

In naturwissenschaftlichen Forschungen wird zwischen einem 'männlichen' und einem 'weiblichen' Gehirn unterschieden.[10] Diesen zwei unterschiedlichen Typen werden spezifische Verhaltensmuster, die sich unter Anderem auf das Leseverhalten auswirken, zugesprochen. Das sogenannte 'weibliche' Gehirn zeigt eine hohe Empathiefähigkeit und zeichnet sich durch "verbale Strategien des Verhandeln"[11] aus. Das 'männliche' Gehirn hingegen zeigt analytische Kompetenzen und präferiert die körperliche Auseinandersetzung.[12]

Allerdings kommen in der Realität überwiegend Mischformen dieser beiden 'Gehirntypen' vor.

Neben den biologischen Ansätzen, die genetische Anlagen ursächlich für geschlechtsspezifische Unterschiede herantragen, treten auch sozialwissenschaftliche Ansätze auf. Sie zeichnen sich durch den Standpunkt aus, dass Umweltfaktoren einen

---

[10]Rabe-Kleberg, Ursula: Feminisierung der Erziehung von Kindern. S. 141. In: Entwicklungspotenziale institutioneller Angebote im Elementarbereich. Hrsg. von Peer Pasternack. München: Verlag Deutsches Jugendinstitut, 2005.

[11]Garbe, Christine: Lesen – Sozialisation – Geschlecht. S. 70. In: Lesekompetenz Leseleistung Leseförderung. Grundlagen, Modelle und Materialien. Hrsg. von Andrea Bertschi-Kaufmann. Zug: Klett und Balmer Verlag, 2010. 3. Auflage.

[12]Vgl. Garbe, Christine: Lesen – Sozialisation – Geschlecht. S. 70. In: Lesekompetenz Leseleistung Leseförderung. Grundlagen, Modelle und Materialien. Hrsg. von Andrea Bertschi-Kaufmann. Zug: Klett und Balmer Verlag, 2010. 3. Auflage.

wesentlichen Anteil auf geschlechtsspezfisches Verhalten hätten.[13]

Aus historischer Sichtweise ist die heute feststellbare weibliche Überlegenheit im Hinblick auf das Leseverhalten nur logisch. Obwohl die Autorschaft von Literatur sehr lange den Männern vorbehalten war, entwickelte sich seit dem 18. Jahrhundert eine wachsende weibliche Leserschaft. [14]

Lesen stellte zunehmend eine Chance dar, den stabilen Geschlechterrollen 'Mann: Erwerbstätig' und 'Frau: Kinder, Haushalt' zu entfliehen. Insbesondere der Roman spricht vorwiegend Themenkreise an, die Empathie erfordern und damit "vorrangig die weiblichen Leseinteressen"[15] ansprechen.

Die Entwicklung hin zur aktuellen Debatte zeigt jedoch, dass sich die Situation um die Lesekultur nicht etwa gelegt hat, sondern vielmehr polarisiert. So konstatiert Christine Garbe:

> "Die sozialen Kontexte und Institutionen sowie die medialen Angebote im Printmedienbereich, die Prozesse der Lesesozialisation in der Kindheit und Jugend modellieren, bedienen heutzutage die Interessen von Mädchen besser als die der Jungen."
>
> (Garbe, Christine: Lesen – Sozialisation – Geschlecht. S. 73. In: Lesekompetenz Leseleistung Leseförderung. Grundlagen, Modelle und Materialien. Hrsg. von Andrea Bertschi-Kaufmann. Zug: Klett und Balmer Verlag, 2010. 3. Auflage.)

Durch die Dominanz von weiblichen Bezugspersonen (Babysitterinnen, Erzieherinnen, Grundschullehrerinnen, etc.) in der Kindheit wird das Lesen unbewusst in Verbindung mit Weiblichkeit gebracht – in der Pubertät kann dieses zu Schwierigkeiten mit dem männlichen Selbstverständnis führen.[16]

---

[13]Vgl. Garbe, Christine: Lesen – Sozialisation – Geschlecht. S. 71. In: Lesekompetenz Leseleistung Leseförderung. Grundlagen, Modelle und Materialien. Hrsg. von Andrea Bertschi-Kaufmann. Zug: Klett und Balmer Verlag, 2010. 3. Auflage.

[14]Vgl. Garbe, Christine: Lesen – Sozialisation – Geschlecht. S. 71. In: Lesekompetenz Leseleistung Leseförderung. Grundlagen, Modelle und Materialien. Hrsg. von Andrea Bertschi-Kaufmann. Zug: Klett und Balmer Verlag, 2010. 3. Auflage.

[15]Garbe, Christine: Lesen – Sozialisation – Geschlecht. S. 71. In: Lesekompetenz Leseleistung Leseförderung. Grundlagen, Modelle und Materialien. Hrsg. von Andrea Bertschi-Kaufmann. Zug: Klett und Balmer Verlag, 2010. 3. Auflage.

[16]Vgl. Garbe, Christine: Lesen – Sozialisation – Geschlecht. S. 73. In: Lesekompetenz Leseleistung Leseförderung. Grundlagen, Modelle und Materialien. Hrsg. von Andrea Bertschi-Kaufmann. Zug: Klett und Balmer Verlag, 2010. 3. Auflage.

5 Lösungsansätze

Die vorhergehend aufgezeigneten Probleme sind so facettenreich wie komplex, so dass eine umfassende Erklärung schwer fällt. Trotzdem finden sich einige Versuche, Lösungsstrategien zu formulieren, um der Problematik entgegenzutreten.

So entwickelte Ortwin Beisbart die sogenannten 'Weimarer Thesen', die Forderungen auf ganz verschiedenen Ebenen stellen.

So werden Forderungen an die 'Institution Schule' gestellt, die Stundenanzahl für das Fach Deutsch zu überdenken. Analog dazu wird der Ruf nach der Ganztagsschule laut, da diese den Schülern die dringend benötigte "Zeit des Übens und Anwendens"[17] biete.

Weiter solle man die Lehrerausbildung um den "Bereich der Leseförderung im Sinne von PISA ergänzen"[18], denn die aktuelle Ausbildung genügt diesem Anspruch nicht.

In Zusammenarbeit mit den Eltern, sollten Lehrer zum Beispiel Lesenächte veranstalten, gleichermaßen muss aber auch jede Lehrkraft über eine "gesteigerte Diagnosekompetenz sowie Fähigkeiten und Kenntnisse zur Förderung der schwachen Leser"[19] verfügen.

Zur Literatur selbst wird die Forderung gestellt, die bisher eher vernachlässigten Textsorten 'Sachtexte' mehr einzubauen. Ebenso gilt es, multimediale Texte – unter Zuhilfenahme des Internets – in das Leserepertoire einzulassen.

Grundlegend sollte die "Lesekompetenzförderung [...] die gesamte Kindheit und Jugendzeit umfassen"[20] und in Form eines interessanten Leseangebots besonders nichtmuttersprachliche Kinder ansprechen.

---

[17]Beisbart, Ortwin: Didaktische Folgerungen aus den PISA-Ergebnissen zur Verbesserung der Leseförderung. S. 232f. In: Deutschdidaktik und Deutschunterricht nach PISA. Hrsg. von Ulf Abraham/ Albert Bremrich-Vos/ Volker Frederking/ Petra Wieler. Freiburg: Fillibach Verlag, 2003.
[18]Beisbart, Ortwin: Didaktische Folgerungen aus den PISA-Ergebnissen zur Verbesserung der Leseförderung. S. 232f. In: Deutschdidaktik und Deutschunterricht nach PISA. Hrsg. von Ulf Abraham/ Albert Bremrich-Vos/ Volker Frederking/ Petra Wieler. Freiburg: Fillibach Verlag, 2003.
[19]Beisbart, Ortwin: Didaktische Folgerungen aus den PISA-Ergebnissen zur Verbesserung der Leseförderung. S. 232f. In: Deutschdidaktik und Deutschunterricht nach PISA. Hrsg. von Ulf Abraham/ Albert Bremrich-Vos/ Volker Frederking/ Petra Wieler. Freiburg: Fillibach Verlag, 2003.
[20]Beisbart, Ortwin: Didaktische Folgerungen aus den PISA-Ergebnissen zur Verbesserung der Leseförderung. S. 232f. In: Deutschdidaktik und Deutschunterricht nach PISA. Hrsg. von Ulf Abraham/ Albert Bremrich-Vos/ Volker Frederking/ Petra Wieler. Freiburg: Fillibach Verlag, 2003.

Auch Chrstine Garbe hält kurzfristig die Errichtung eines zeitgemäßen, modernen und medialen Deutschunterrichts für wichtig: "Wir müssen uns [...] davon verabschieden, die Medien stets in Konkurrenz zueinander zu denken"[21].

Mittelfristig sei das Ziel, "Schulen zu Orden des Lesens um[zu]bauen"[22], so dass Kinder und Jugendliche überhaupt lesen.
Neben der Aufstockung des Leseangebots in der Schule sei es auch sinnvoller, dass Kinder ein beliebiges Buch lesen, als die einschlägigen Werke im Unterricht, die bis in das kleinste Detail strikt nach Lehrbuch 'auseinandergenommen' werden.

In langfristiger Hinsicht strebt Garbe einen gesellschaftlichen Wandel mit der Etablierung einer tatsächlichen "Geschlechterdemokratie"[23] an.

Erst mit dem Abbau von Geschlechterstereotypen und – rollen kann eine gesamtgestellschaftliche Lesekultur Einzug nehmen. Wie Beisbart, regt auch Garbe dazu an, mehr männliche Bezugspersonen in die kindliche Sozialisationsphase einzubeziehen – in Form von Erziehern, Grundschullehrern und natürlich auch Vätern.

---

[21]Garbe, Christine: Lesen – Sozialisation – Geschlecht. S. 81. In: Lesekompetenz Leseleistung Leseförderung. Grundlagen, Modelle und Materialien. Hrsg. von Andrea Bertschi-Kaufmann. Zug: Klett und Balmer Verlag, 2010. 3. Auflage.
[22]Garbe, Christine: Lesen – Sozialisation – Geschlecht. S. 79. In: Lesekompetenz Leseleistung Leseförderung. Grundlagen, Modelle und Materialien. Hrsg. von Andrea Bertschi-Kaufmann. Zug: Klett und Balmer Verlag, 2010. 3. Auflage.
[23]Garbe, Christine: Lesen – Sozialisation – Geschlecht. S. 78. In: Lesekompetenz Leseleistung Leseförderung. Grundlagen, Modelle und Materialien. Hrsg. von Andrea Bertschi-Kaufmann. Zug: Klett und Balmer Verlag, 2010. 3. Auflage.

6 Literatur:

•   Beisbart, Ortwin: Didaktische Folgerungen aus den PISA-Ergebnissen zur Verbesserung der Leseförderung. S. 220 – 235. In: Deutschdidaktik und Deutschunterricht nach PISA. Hrsg. von Ulf Abraham/ Albert Bremrich-Vos/ Volker Frederking/ Petra Wieler. Freiburg: Fillibach Verlag, 2003.

•   Bucher, Priska: Leseverhalten und Leseförderung. Zürich: Verlag Pestalozzinum, 2004.

•   Garbe, Christine: Lesen – Sozialisation – Geschlecht. S 66 – 82. In: Lesekompetenz Leseleistung Leseförderung. Grundlagen, Modelle und Materialien. Hrsg. von Andrea Bertschi-Kaufmann. Zug: Klett und Balmer Verlag, 2010. 3. Auflage.

•   Garbe, Christine: Warum Lesen Mädchen besser als Jungen ? S. 69 – 89. In: Deutschdidaktik und Deutschunterricht nach PISA. Hrsg. von Ulf Abraham/ Albert Bremrich-Vos/ Volker Frederking/ Petra Wieler. Freiburg: Fillibach Verlag, 2003.

•   Hurrelmann, Bettina: Informelle Sozialisationsinstanz Familie. S. 169 – 201. In: Lesesozialisation in der Mediengesellschaft. Hrsg. von Norbert Groeben. Weinheim; München: Juventa-Verlag, 2004.

•   Rabe-Kleberg, Ursula: Feminisierung der Erziehung von Kindern. S. 135 - 172. In: Entwicklungspotenziale institutioneller Angebote im Elementarbereich. Hrsg. von Peer Pasternack. München: Verlag Deutsches Jugendinstitut, 2005.